TRANZLATY

La Langue est pour tout le Monde

Jazyk je pro každého

La Belle et la Bête

Kráska a Zvíře

Gabrielle-Suzanne Barbot de Villeneuve

Français / Čeština

Copyright © 2025 Tranzlaty
All rights reserved
Published by Tranzlaty
ISBN: 978-1-80572-040-9
Original text by Gabrielle-Suzanne Barbot de Villeneuve
La Belle et la Bête
First published in French in 1740
Taken from The Blue Fairy Book (Andrew Lang)
Illustration by Walter Crane
www.tranzlaty.com

Il était une fois un riche marchand
Byl jednou jeden bohatý kupec
ce riche marchand avait six enfants
tento bohatý obchodník měl šest dětí
il avait trois fils et trois filles
měl tři syny a tři dcery
il n'a épargné aucun coût pour leur éducation
nešetřil náklady na jejich vzdělání
parce qu'il était un homme sensé
protože to byl rozumný muž
mais il a donné à ses enfants de nombreux serviteurs
ale svým dětem dal mnoho služebníků
ses filles étaient extrêmement jolies
jeho dcery byly nesmírně krásné
et sa plus jeune fille était particulièrement jolie
a jeho nejmladší dcera byla obzvlášť hezká
Déjà enfant, sa beauté était admirée
už jako dítě byla její krása obdivována
et les gens l'appelaient à cause de sa beauté
a lidé ji nazývali podle její krásy
sa beauté ne s'est pas estompée avec l'âge
její krása se s přibývajícím věkem nevytratila
alors les gens ont continué à l'appeler par sa beauté
tak ji lidé neustále nazývali její krásou
cela a rendu ses sœurs très jalouses
to způsobilo, že její sestry velmi žárlily
les deux filles aînées avaient beaucoup de fierté
dvě nejstarší dcery byly velmi hrdé
leur richesse était la source de leur fierté
jejich bohatství bylo zdrojem jejich hrdosti
et ils n'ont pas caché leur fierté non plus
a ani oni neskrývali svou hrdost
ils n'ont pas rendu visite aux filles d'autres marchands
nenavštěvovali dcery jiných obchodníků
parce qu'ils ne rencontrent que l'aristocratie
protože se setkávají pouze s aristokracií

ils sortaient tous les jours pour faire la fête
chodili každý den na večírky
bals, pièces de théâtre, concerts, etc.
plesy, hry, koncerty a tak dále
et ils se moquèrent de leur plus jeune sœur
a smáli se své nejmladší sestře
parce qu'elle passait la plupart de son temps à lire
protože většinu času trávila čtením
il était bien connu qu'ils étaient riches
bylo dobře známo, že jsou bohatí
alors plusieurs marchands éminents ont demandé leur main
tak je několik významných obchodníků požádalo o ruku
mais ils ont dit qu'ils n'allaient pas se marier
ale řekli, že se nebudou brát
mais ils étaient prêts à faire quelques exceptions
ale byli připraveni udělat nějaké výjimky
« Peut-être que je pourrais épouser un duc »
„Možná bych si mohl vzít vévodu"
« Je suppose que je pourrais épouser un comte »
"Myslím, že bych si mohla vzít hraběte"
Belle a remercié très civilement ceux qui lui ont proposé
kráska velmi zdvořile poděkovala těm, kteří ji požádali o ruku
elle leur a dit qu'elle était encore trop jeune pour se marier
řekla jim, že je ještě příliš mladá na to, aby se vdala
elle voulait rester quelques années de plus avec son père
chtěla ještě pár let zůstat se svým otcem
Tout d'un coup, le marchand a perdu sa fortune
Obchodník najednou přišel o své jmění
il a tout perdu sauf une petite maison de campagne
přišel o všechno kromě malého venkovského domu
et il dit à ses enfants, les larmes aux yeux :
a řekl svým dětem se slzami v očích:
« il faut aller à la campagne »
"musíme jít na venkov"
« et nous devons travailler pour gagner notre vie »
"a my musíme pracovat pro naše živobytí"

les deux filles aînées ne voulaient pas quitter la ville
dvě nejstarší dcery nechtěly opustit město
ils avaient plusieurs amants dans la ville
měli ve městě několik milenců
et ils étaient sûrs que l'un de leurs amants les épouserait
a byli si jisti, že si je jeden z jejich milenců vezme
ils pensaient que leurs amants les épouseraient même sans fortune
mysleli si, že si je jejich milenci vezmou i bez jmění
mais les bonnes dames se sont trompées
ale dobré dámy se mýlily
leurs amants les ont abandonnés très vite
jejich milenci je velmi rychle opustili
parce qu'ils n'avaient plus de fortune
protože už neměli žádné jmění
cela a montré qu'ils n'étaient pas vraiment appréciés
to ukázalo, že nebyli ve skutečnosti příliš oblíbení
tout le monde a dit qu'ils ne méritaient pas d'être plaints
všichni říkali, že si nezaslouží být litováni
« Nous sommes heureux de voir leur fierté humiliée »
"jsme rádi, že vidíme pokořenou jejich hrdost"
« Qu'ils soient fiers de traire les vaches »
"ať jsou hrdí na dojení krav"
mais ils étaient préoccupés par Belle
ale šlo jim o krásu
elle était une créature si douce
byla tak milé stvoření
elle parlait si gentiment aux pauvres
mluvila tak laskavě k chudým lidem
et elle était d'une nature si innocente
a byla tak nevinné povahy
Plusieurs messieurs l'auraient épousée
Několik pánů by si ji vzalo
ils l'auraient épousée même si elle était pauvre
vzali by si ji, i když byla chudá
mais elle leur a dit qu'elle ne pouvait pas les épouser

ale řekla jim, že si je nemůže vzít
parce qu'elle ne voulait pas quitter son père
protože svého otce neopustí
elle était déterminée à l'accompagner à la campagne
byla odhodlaná jít s ním na venkov
afin qu'elle puisse le réconforter et l'aider
aby ho mohla utěšit a pomoci
pauvre Belle était très affligée au début
Ubohá kráska byla zpočátku velmi zarmoucená
elle était attristée par la perte de sa fortune
byla zarmoucena ztrátou svého jmění
"Mais pleurer ne changera pas mon destin"
"ale pláč nezmění mé štěstí"
« Je dois essayer de me rendre heureux sans richesse »
"Musím se snažit být šťastný bez bohatství"
ils sont venus dans leur maison de campagne
přišli do svého venkovského domu
et le marchand et ses trois fils s'appliquèrent à l'agriculture
a obchodník a jeho tři synové se věnovali hospodaření
Belle s'est levée à quatre heures du matin
krása vstávala ve čtyři ráno
et elle s'est dépêchée de nettoyer la maison
a spěchala uklidit dům
et elle s'est assurée que le dîner était prêt
a ujistila se, že večeře je hotová
au début, elle a trouvé sa nouvelle vie très difficile
na začátku měla svůj nový život velmi těžký
parce qu'elle n'était pas habituée à un tel travail
protože na takovou práci nebyla zvyklá
mais en moins de deux mois elle est devenue plus forte
ale za necelé dva měsíce zesílila
et elle était en meilleure santé que jamais auparavant
a byla zdravější než kdykoli předtím
après avoir fait son travail, elle a lu
poté, co udělala svou práci, četla
elle jouait du clavecin

hrála na cembalo
ou elle chantait en filant de la soie
nebo zpívala, když předla hedvábí
au contraire, ses deux sœurs ne savaient pas comment passer leur temps
naopak její dvě sestry nevěděly, jak trávit čas
ils se sont levés à dix heures et n'ont rien fait d'autre que paresser toute la journée
vstávali v deset a celý den nedělali nic jiného než lenošení
ils ont déploré la perte de leurs beaux vêtements
naříkali nad ztrátou svých krásných šatů
et ils se sont plaints d'avoir perdu leurs connaissances
a stěžovali si na ztrátu svých známých
« Regardez notre plus jeune sœur », se dirent-ils.
"Podívejte se na naši nejmladší sestru," řekli si
"Quelle pauvre et stupide créature elle est"
"jaké ubohé a hloupé stvoření to je"
"C'est mesquin de se contenter de si peu"
"Je podlé spokojit se s tak málo"
le gentil marchand était d'un avis tout à fait différent
ten druh obchodníka byl zcela jiného názoru
il savait très bien que Belle éclipsait ses sœurs
dobře věděl, že krása převyšuje její sestry
elle les a surpassés en caractère ainsi qu'en esprit
převyšovala je charakterem i myslí
il admirait son humilité et son travail acharné
obdivoval její pokoru a tvrdou práci
mais il admirait surtout sa patience
ale nejvíc ze všeho obdivoval její trpělivost
ses sœurs lui ont laissé tout le travail à faire
její sestry jí nechaly veškerou práci
et ils l'insultaient à chaque instant
a každou chvíli ji urážely
La famille vivait ainsi depuis environ un an.
Rodina takto žila asi rok
puis le commerçant a reçu une lettre d'un comptable

pak obchodník dostal dopis od účetního
il avait un investissement dans un navire
měl investici do lodi
et le navire était arrivé sain et sauf
a loď bezpečně dorazila
Cette nouvelle a fait tourner les têtes des deux filles aînées
Tato zpráva obrátila hlavy dvou nejstarších dcer
ils ont immédiatement eu l'espoir de revenir en ville
okamžitě měli naději na návrat do města
parce qu'ils étaient assez fatigués de la vie à la campagne
protože byli dost unavení venkovským životem
ils sont allés vers leur père alors qu'il partait
šli k otci, když odcházel
ils l'ont supplié de leur acheter de nouveaux vêtements
prosili ho, aby jim koupil nové šaty
des robes, des rubans et toutes sortes de petites choses
šaty, stuhy a všechny možné drobnosti
mais Belle n'a rien demandé
ale krása si nic nepřála
parce qu'elle pensait que l'argent ne serait pas suffisant
protože si myslela, že peníze nebudou stačit
il n'y aurait pas assez pour acheter tout ce que ses sœurs voulaient
nebylo by dost na to, aby si koupila všechno, co její sestry chtěly
"Que veux-tu, ma belle ?" demanda son père
"Co bys chtěla, krásko?" zeptal se její otec
« Merci, père, pour la bonté de penser à moi », dit-elle
"Děkuji ti, otče, za to, že jsi na mě myslel," řekla
« Père, ayez la gentillesse de m'apporter une rose »
"Otče, buď tak laskav a přines mi růži"
"parce qu'aucune rose ne pousse ici dans le jardin"
"Protože tady v zahradě žádné růže nerostou"
"et les roses sont une sorte de rareté"
"a růže jsou druh vzácnosti"
Belle ne se souciait pas vraiment des roses

kráska se o růže opravdu nestarala
elle a juste demandé quelque chose pour ne pas condamner ses sœurs
požádala jen o něco, aby neodsoudila své sestry
mais ses sœurs pensaient qu'elle avait demandé des roses pour d'autres raisons
ale její sestry si myslely, že žádá o růže z jiných důvodů
"Elle l'a fait juste pour avoir l'air particulière"
"udělala to jen proto, aby vypadala zvlášť"
L'homme gentil est parti en voyage
Laskavý muž se vydal na cestu
mais quand il est arrivé, ils se sont disputés à propos de la marchandise
ale když dorazil, dohadovali se o zboží
et après beaucoup d'ennuis, il est revenu aussi pauvre qu'avant
a po mnoha potížích se vrátil stejně chudý jako předtím
il était à quelques heures de sa propre maison
byl během několika hodin od svého domu
et il imaginait déjà la joie de revoir ses enfants
a už si představoval tu radost, že vidí své děti
mais en traversant la forêt, il s'est perdu
ale když šel lesem, ztratil se
il a plu et neigé terriblement
strašně pršelo a sněžilo
le vent était si fort qu'il l'a fait tomber de son cheval
vítr byl tak silný, že ho shodil z koně
et la nuit arrivait rapidement
a noc se rychle blížila
il a commencé à penser qu'il pourrait mourir de faim
začal si myslet, že by mohl hladovět
et il pensait qu'il pourrait mourir de froid
a myslel si, že by mohl umrznout k smrti
et il pensait que les loups pourraient le manger
a myslel si, že ho mohou sežrat vlci
les loups qu'il entendait hurler tout autour de lui

vlci, které slyšel vytí všude kolem sebe
mais tout à coup il a vu une lumière
ale najednou uviděl světlo
il a vu la lumière au loin à travers les arbres
viděl světlo v dálce mezi stromy
quand il s'est approché, il a vu que la lumière était un palais
když se přiblížil, viděl, že světlo je palác
le palais était illuminé de haut en bas
palác byl osvětlen shora dolů
le marchand a remercié Dieu pour sa chance
obchodník děkoval Bohu za štěstí
et il se précipita vers le palais
a spěchal do paláce
mais il fut surpris de ne voir personne dans le palais
ale překvapilo ho, že v paláci neviděl žádné lidi
la cour était complètement vide
dvůr byl úplně prázdný
et il n'y avait aucun signe de vie nulle part
a nikde nebylo ani stopy po životě
son cheval le suivit dans le palais
jeho kůň ho následoval do paláce
et puis son cheval a trouvé une grande écurie
a pak jeho kůň našel velkou stáj
le pauvre animal était presque affamé
ubohé zvíře téměř vyhladovělo
alors son cheval est allé chercher du foin et de l'avoine
tak jeho kůň šel najít seno a oves
Heureusement, il a trouvé beaucoup à manger
naštěstí našel spoustu jídla
et le marchand attacha son cheval à la mangeoire
a kupec přivázal koně k jesličkám
En marchant vers la maison, il n'a vu personne
když šel k domu, nikoho neviděl
mais dans une grande salle il trouva un bon feu
ale ve velkém sále našel dobrý oheň
et il a trouvé une table dressée pour une personne

a našel stůl pro jednoho
il était mouillé par la pluie et la neige
byl mokrý od deště a sněhu
alors il s'est approché du feu pour se sécher
tak se přiblížil k ohni, aby se osušil
« J'espère que le maître de maison m'excusera »
"Doufám, že mě pán domu omluví."
« Je suppose qu'il ne faudra pas longtemps pour que quelqu'un apparaisse »
"Předpokládám, že to nebude trvat dlouho, než se někdo objeví."
Il a attendu un temps considérable
Čekal značnou dobu
il a attendu jusqu'à ce que onze heures sonnent, et toujours personne n'est venu
čekal, až udeří jedenáctá, a stále nikdo nepřicházel
enfin, il avait tellement faim qu'il ne pouvait plus attendre
konečně měl takový hlad, že už nemohl čekat
il a pris du poulet et l'a mangé en deux bouchées
vzal si kuře a snědl ho po dvou soustech
il tremblait en mangeant la nourriture
při jídle se třásl
après cela, il a bu quelques verres de vin
poté vypil několik sklenic vína
devenant plus courageux, il sortit du hall
čím dál odvážnější vyšel ze sálu
et il traversa plusieurs grandes salles
a prošel několika velkými síněmi
il a traversé le palais jusqu'à ce qu'il arrive dans une chambre
prošel palácem, až vešel do komnaty
une chambre qui contenait un très bon lit
komora, která měla v sobě mimořádně dobrou postel
il était très fatigué par son épreuve
byl ze svého utrpení velmi unavený
et il était déjà minuit passé

a čas už byl po půlnoci
alors il a décidé qu'il était préférable de fermer la porte
tak se rozhodl, že bude nejlepší zavřít dveře
et il a conclu qu'il devrait aller se coucher
a usoudil, že by měl jít spát
Il était dix heures du matin lorsque le marchand s'est réveillé
Bylo deset hodin ráno, když se obchodník probudil
au moment où il allait se lever, il vit quelque chose
právě když se chystal vstát, něco uviděl
il a été étonné de voir un ensemble de vêtements propres
byl ohromen, když viděl čisté oblečení
à l'endroit où il avait laissé ses vêtements sales
na místě, kde nechal své špinavé oblečení
"ce palais appartient certainement à une sorte de fée"
"určitě tento palác patří nějaké laskavé víle"
" une fée qui m'a vu et qui a eu pitié de moi"
" Víla , která mě viděla a litovala mě"
il a regardé à travers une fenêtre
podíval se oknem
mais au lieu de neige, il vit le jardin le plus charmant
ale místo sněhu viděl tu nejkrásnější zahradu
et dans le jardin il y avait les plus belles roses
a v zahradě byly ty nejkrásnější růže
il est ensuite retourné dans la grande salle
pak se vrátil do velkého sálu
la salle où il avait mangé de la soupe la veille
sál, kde měl předešlou noc polévku
et il a trouvé du chocolat sur une petite table
a na malém stolku našel trochu čokolády
« Merci, bonne Madame la Fée », dit-il à voix haute.
"Děkuji, dobrá madam Fairy," řekl nahlas
"Merci d'être si attentionné"
"děkuji, že se tak staráš"
« Je vous suis extrêmement reconnaissant pour toutes vos faveurs »

"Jsem vám nesmírně zavázán za veškerou vaši přízeň"
l'homme gentil a bu son chocolat
laskavý muž vypil svou čokoládu
et puis il est allé chercher son cheval
a pak šel hledat svého koně
mais dans le jardin il se souvint de la demande de Belle
ale v zahradě si vzpomněl na prosbu krásy
et il coupa une branche de roses
a uřízl větev růží
immédiatement il entendit un grand bruit
okamžitě uslyšel velký hluk
et il vit une bête terriblement effrayante
a uviděl strašně děsivé zvíře
il était tellement effrayé qu'il était sur le point de s'évanouir
byl tak vyděšený, že byl připraven omdlít
« Tu es bien ingrat », lui dit la bête.
"Jsi velmi nevděčný," řeklo mu zvíře
et la bête parla d'une voix terrible
a šelma promluvila hrozným hlasem
« Je t'ai sauvé la vie en te laissant entrer dans mon château »
"Zachránil jsem ti život tím, že jsem tě dovolil do svého hradu."
"et pour ça tu me voles mes roses en retour ?"
"a za to mi na oplátku kradeš růže?"
« Les roses que j'apprécie plus que tout »
"Růže, kterých si cením nade vše"
"mais tu mourras pour ce que tu as fait"
"ale zemřeš za to, co jsi udělal"
« Je ne vous donne qu'un quart d'heure pour vous préparer »
"Dávám ti čtvrt hodiny na přípravu."
« Préparez-vous à la mort et dites vos prières »
"připrav se na smrt a řekni své modlitby"
le marchand tomba à genoux
obchodník padl na kolena
et il leva ses deux mains
a zvedl obě ruce

« **Monseigneur, je vous supplie de me pardonner** »
"Můj pane, prosím tě, odpusť mi"
« **Je n'avais aucune intention de t'offenser** »
"Neměl jsem v úmyslu tě urazit"
« **J'ai cueilli une rose pour une de mes filles** »
"Sbíral jsem růži pro jednu ze svých dcer"
"**elle m'a demandé de lui apporter une rose**"
"požádala mě, abych jí přinesl růži"
« **Je ne suis pas ton seigneur, mais je suis une bête** »,
répondit le monstre
"Nejsem tvůj pán, ale jsem zvíře," odpovědělo monstrum
« **Je n'aime pas les compliments** »
"Nemám rád komplimenty"
« **J'aime les gens qui parlent comme ils pensent** »
"Mám rád lidi, kteří mluví, jak myslí"
« **N'imaginez pas que je puisse être ému par la flatterie** »
"Nepředstavujte si, že mě mohou pohnout lichotkami"
« **Mais tu dis que tu as des filles** »
"Ale říkáš, že máš dcery"
"**Je te pardonnerai à une condition**"
"Odpustím ti pod jednou podmínkou"
« **L'une de vos filles doit venir volontairement à mon palais** »
"jedna z tvých dcer musí dobrovolně přijít do mého paláce"
"**et elle doit souffrir pour toi**"
"a ona musí trpět pro tebe"
« **Donne-moi ta parole** »
"Dej mi své slovo"
"**et ensuite tu pourras vaquer à tes occupations**"
"a pak se můžeš věnovat své práci"
« **Promets-moi ceci :** »
"Slib mi toto:"
"**Si votre fille refuse de mourir pour vous, vous devez revenir dans les trois mois**"
"Pokud vaše dcera odmítne pro vás zemřít, musíte se vrátit do tří měsíců."

le marchand n'avait aucune intention de sacrifier ses filles
obchodník neměl v úmyslu obětovat své dcery
mais, comme on lui en donnait le temps, il voulait revoir ses filles une fois de plus
ale protože dostal čas, chtěl své dcery ještě jednou vidět
alors il a promis qu'il reviendrait
tak slíbil, že se vrátí
et la bête lui dit qu'il pouvait partir quand il le voudrait
a šelma mu řekla, že může vyrazit, až bude chtít
et la bête lui dit encore une chose
a šelma mu řekla ještě jednu věc
« Tu ne partiras pas les mains vides »
"neodjedeš s prázdnou"
« retourne dans la pièce où tu étais allongé »
"Vrať se do pokoje, kde jsi ležel"
« vous verrez un grand coffre au trésor vide »
"uvidíte velkou prázdnou truhlu s pokladem"
« Remplissez le coffre aux trésors avec ce que vous préférez »
"naplňte truhlu s pokladem tím, co máte nejraději"
"**et j'enverrai le coffre au trésor chez toi**"
"a pošlu pokladničku k tobě domů"
et en même temps la bête s'est retirée
a zároveň se bestie stáhla
« Eh bien, » se dit le bon homme
"No," řekl si ten dobrý muž
« Si je dois mourir, je laisserai au moins quelque chose à mes enfants »
"Pokud musím zemřít, zanechám alespoň něco svým dětem"
alors il retourna dans la chambre à coucher
tak se vrátil do ložnice
et il a trouvé une grande quantité de pièces d'or
a našel velké množství zlata
il a rempli le coffre au trésor que la bête avait mentionné
naplnil truhlu s pokladem, o které se zmiňovalo zvíře
et il sortit son cheval de l'écurie

a vyvedl svého koně ze stáje
la joie qu'il ressentait en entrant dans le palais était désormais égale à la douleur qu'il ressentait en le quittant
radost, kterou cítil, když vstoupil do paláce, se nyní rovnala smutku, který cítil při odchodu z paláce
le cheval a pris un des chemins de la forêt
kůň se vydal jednou z lesních cest
et quelques heures plus tard, le bon homme était à la maison
a za pár hodin byl dobrý muž doma
ses enfants sont venus à lui
přišly k němu jeho děti
mais au lieu de recevoir leurs étreintes avec plaisir, il les regardait
ale místo toho, aby s potěšením přijal jejich objetí, podíval se na ně
il brandit la branche qu'il tenait dans ses mains
zvedl větev, kterou měl v rukou
et puis il a fondu en larmes
a pak propukl v pláč
« Belle », dit-il, « s'il te plaît, prends ces roses »
"krása," řekl, "vezmi si prosím ty růže"
"Vous ne pouvez pas savoir à quel point ces roses ont été chères"
"Nemůžeš vědět, jak drahé ty růže byly"
"Ces roses ont coûté la vie à ton père"
"tyto růže stály tvého otce život"
et puis il raconta sa fatale aventure
a pak vyprávěl o svém osudném dobrodružství
immédiatement les deux sœurs aînées crièrent
okamžitě vykřikly dvě nejstarší sestry
et ils ont dit beaucoup de choses méchantes à leur belle sœur
a své krásné sestře řekli mnoho podlých věcí
mais Belle n'a pas pleuré du tout
ale krása vůbec neplakala
« Regardez l'orgueil de ce petit misérable », dirent-ils.
"Podívejte se na hrdost toho malého ubožáka," řekli

"elle n'a pas demandé de beaux vêtements"
"nežádala o pěkné oblečení"
"Elle aurait dû faire ce que nous avons fait"
"měla udělat to, co my"
"elle voulait se distinguer"
"chtěla se odlišit"
"alors maintenant elle sera la mort de notre père"
"takže ona bude smrtí našeho otce"
"et pourtant elle ne verse pas une larme"
"a přesto neronila slzu"
"Pourquoi devrais-je pleurer ?" répondit Belle
"Proč bych měl plakat?" odpověděl krása
« pleurer serait très inutile »
"plakat by bylo velmi zbytečné"
« Mon père ne souffrira pas pour moi »
"Můj otec pro mě nebude trpět"
"le monstre acceptera une de ses filles"
"monstrum přijme jednu ze svých dcer"
« Je m'offrirai à toute sa fureur »
"Nabídnu se celé jeho zuřivosti"
« Je suis très heureux, car ma mort sauvera la vie de mon père »
"Jsem velmi šťastný, protože moje smrt zachrání život mého otce."
"ma mort sera une preuve de mon amour"
"Moje smrt bude důkazem mé lásky"
« Non, ma sœur », dirent ses trois frères
"Ne, sestro," řekli její tři bratři
"cela ne sera pas"
"to nebude"
"nous allons chercher le monstre"
"Půjdeme najít monstrum"
"et soit on le tue..."
"A buď ho zabijeme..."
« ... ou nous périrons dans cette tentative »
"... nebo při tom pokusu zahyneme"

« N'imaginez rien de tel, mes fils », dit le marchand.
"Nic takového si nepředstavujte, moji synové," řekl obchodník
"La puissance de la bête est si grande que je n'ai aucun espoir que tu puisses la vaincre"
"Síla toho zvířete je tak velká, že nemám naděje, že bys ho mohl překonat."
« Je suis charmé par l'offre aimable et généreuse de Belle »
"Jsem okouzlen laskavou a velkorysou nabídkou krásy"
"mais je ne peux pas accepter sa générosité"
"ale nemohu přijmout její štědrost"
« Je suis vieux et je n'ai plus beaucoup de temps à vivre »
"Jsem starý a už mi nebude dlouho žít"
"Je ne peux donc perdre que quelques années"
"takže můžu ztratit jen pár let"
"un temps que je regrette pour vous, mes chers enfants"
"čas, kterého pro vás lituji, mé drahé děti"
« Mais père », dit Belle
"Ale tati," řekla kráska
"tu n'iras pas au palais sans moi"
"beze mě nepůjdeš do paláce"
"tu ne peux pas m'empêcher de te suivre"
"nemůžeš mi zabránit, abych tě sledoval"
rien ne pourrait convaincre Belle autrement
nic nemohlo přesvědčit krásu jinak
elle a insisté pour aller au beau palais
trvala na tom, že půjde do nádherného paláce
et ses sœurs étaient ravies de son insistance
a její sestry byly potěšeny jejím naléháním
Le marchand était inquiet à l'idée de perdre sa fille
Obchodník byl znepokojen pomyšlením, že ztratí svou dceru
il était tellement inquiet qu'il avait oublié le coffre rempli d'or
měl takové starosti, že zapomněl na truhlu plnou zlata
la nuit, il se retirait pour se reposer et fermait la porte de sa chambre
v noci se uchýlil k odpočinku a zavřel dveře své komnaty

puis, à sa grande surprise, il trouva le trésor à côté de son lit
pak ke svému velkému úžasu našel poklad u své postele
il était déterminé à ne rien dire à ses enfants
byl rozhodnutý, že to svým dětem neřekne
s'ils savaient, ils auraient voulu retourner en ville
kdyby to věděli, chtěli by se vrátit do města
et il était résolu à ne pas quitter la campagne
a rozhodl se neopustit venkov
mais il confia le secret à Belle
ale svěřil kráse s tajemstvím
elle l'informa que deux messieurs étaient venus
oznámila mu, že přišli dva pánové
et ils ont fait des propositions à ses sœurs
a předkládaly návrhy jejím sestrám
elle a supplié son père de consentir à leur mariage
prosila svého otce, aby souhlasil s jejich sňatkem
et elle lui a demandé de leur donner une partie de sa fortune
a požádala ho, aby jim dal část svého jmění
elle leur avait déjà pardonné
už jim odpustila
les méchantes créatures se frottaient les yeux avec des oignons
zlí tvorové si třeli oči cibulí
pour forcer quelques larmes quand ils se sont séparés de leur sœur
vynutit si slzy, když se loučili se svou sestrou
mais ses frères étaient vraiment inquiets
ale její bratři měli opravdu obavy
Belle était la seule à ne pas verser de larmes
kráska jediná neronila slzy
elle ne voulait pas augmenter leur malaise
nechtěla zvyšovat jejich neklid
le cheval a pris la route directe vers le palais
kůň se vydal přímou cestou do paláce
et vers le soir ils virent le palais illuminé
a k večeru spatřili osvětlený palác

le cheval est rentré à l'écurie
kůň se znovu zavedl do stáje
et le bon homme et sa fille entrèrent dans la grande salle
a dobrý muž a jeho dcera šli do velké síně
ici ils ont trouvé une table magnifiquement dressée
zde našli skvěle naservírovaný stůl
le marchand n'avait pas d'appétit pour manger
obchodník neměl chuť k jídlu
mais Belle s'efforçait de paraître joyeuse
ale kráska se snažila působit vesele
elle s'est assise à table et a aidé son père
posadila se ke stolu a pomohla otci
mais elle pensait aussi :
ale také si pomyslela:
"La bête veut sûrement m'engraisser avant de me manger"
"zvíře mě určitě chce vykrmit, než mě sežere"
"c'est pourquoi il offre autant de divertissement"
"proto poskytuje tak bohatou zábavu"
après avoir mangé, ils entendirent un grand bruit
když se najedli, uslyšeli velký hluk
et le marchand fit ses adieux à son malheureux enfant, les larmes aux yeux
a obchodník se se slzami v očích rozloučil se svým nešťastným dítětem
parce qu'il savait que la bête allait venir
protože věděl, že bestie přichází
Belle était terrifiée par sa forme horrible
kráska se děsila jeho příšerné podoby
mais elle a pris courage du mieux qu'elle a pu
ale sebrala odvahu, jak jen mohla
et le monstre lui a demandé si elle était venue volontairement
a netvor se jí zeptal, jestli přišla dobrovolně
"Oui, je suis venue volontiers", dit-elle en tremblant
"Ano, přišla jsem dobrovolně," řekla třesoucí se
la bête répondit : « Tu es très bon »

zvíře odpovědělo: "Jsi velmi dobrý"
"et je vous suis très reconnaissant, honnête homme"
"A jsem ti velmi zavázán, čestný člověče"
« Allez-y demain matin »
"jdi svou cestou zítra ráno"
"mais ne pense plus jamais à revenir ici"
"ale nikdy nepřemýšlej, že sem znovu přijdu"
« Adieu Belle, adieu bête », répondit-il
"Sbohem krásko, sbohem zvíře," odpověděl
et immédiatement le monstre s'est retiré
a netvor se okamžitě stáhl
« Oh, ma fille », dit le marchand
"Ach, dcero," řekl obchodník
et il embrassa sa fille une fois de plus
a ještě jednou objal svou dceru
« Je suis presque mort de peur »
"Jsem skoro k smrti vyděšený"
"**crois-moi, tu ferais mieux de rentrer**"
"Věř mi, radši se vrať."
"**Laisse-moi rester ici, à ta place**"
"nech mě zůstat tady místo tebe"
« Non, père », dit Belle d'un ton résolu.
"Ne, otče," řekla kráska rozhodným tónem
"**tu partiras demain matin**"
"vyrazíš zítra ráno"
« Laissez-moi aux soins et à la protection de la Providence »
"Přenech mě péči a ochraně prozřetelnosti"
néanmoins ils sont allés se coucher
přesto šli spát
ils pensaient qu'ils ne fermeraient pas les yeux de la nuit
mysleli si, že celou noc nezamhouří oči
mais juste au moment où ils se couchaient, ils s'endormirent
ale když si lehli, spali
La belle rêva qu'une belle dame venait et lui disait :
kráska snila, že přišla krásná dáma a řekla jí:
« Je suis content, Belle, de ta bonne volonté »

"Jsem spokojen, krásko, s tvou dobrou vůlí"
« Cette bonne action de votre part ne restera pas sans récompense »
"tento tvůj dobrý čin nezůstane bez odměny"
Belle s'est réveillée et a raconté son rêve à son père
kráska se probudila a řekla otci svůj sen
le rêve l'a aidé à se réconforter un peu
sen ho trochu utěšil
mais il ne pouvait s'empêcher de pleurer amèrement en partant
ale nemohl se ubránit hořkému pláči, když odcházel
Dès qu'il fut parti, Belle s'assit dans la grande salle et pleura aussi
jakmile byl pryč, kráska se posadila do velkého sálu a rozplakala se také
mais elle résolut de ne pas s'inquiéter
ale rozhodla se, že nebude neklidná
elle a décidé d'être forte pour le peu de temps qui lui restait à vivre
rozhodla se být silná na tu krátkou dobu, která jí zbývala do života
parce qu'elle croyait fermement que la bête la mangerait
protože pevně věřila, že ji bestie sežere
Cependant, elle pensait qu'elle pourrait aussi bien explorer le palais
myslela si však, že by mohla prozkoumat i palác
et elle voulait voir le beau château
a chtěla si prohlédnout krásný zámek
un château qu'elle ne pouvait s'empêcher d'admirer
hrad, který nemohla neobdivovat
c'était un palais délicieusement agréable
byl to nádherně příjemný palác
et elle fut extrêmement surprise de voir une porte
a byla nesmírně překvapená, když viděla dveře
et sur la porte il était écrit que c'était sa chambre
a nad dveřmi bylo napsáno, že je to její pokoj

elle a ouvert la porte à la hâte
spěšně otevřela dveře
et elle était tout à fait éblouie par la magnificence de la pièce
a byla docela oslněna velkolepostí pokoje
ce qui a principalement retenu son attention était une grande bibliothèque
co upoutalo její pozornost především, byla velká knihovna
un clavecin et plusieurs livres de musique
cembalo a několik hudebních knih
« Eh bien, » se dit-elle
"No," řekla si pro sebe
« Je vois que la bête ne laissera pas mon temps peser sur moi »
"Vidím, že bestie nenechá můj čas viset těžký"
puis elle réfléchit à sa situation
pak se zamyslela nad svou situací
« Si je devais rester un jour, tout cela ne serait pas là »
"Kdybych měl zůstat jeden den, tohle všechno by tu nebylo"
cette considération lui inspira un courage nouveau
tato úvaha ji inspirovala čerstvou odvahou
et elle a pris un livre de sa nouvelle bibliothèque
a vzala si knihu ze své nové knihovny
et elle lut ces mots en lettres d'or :
a přečetla tato slova zlatým písmem:
« Accueillez Belle, bannissez la peur »
"Vítej krásko, zažeň strach"
« Vous êtes reine et maîtresse ici »
"Tady jsi královna a milenka"
« Exprimez vos souhaits, exprimez votre volonté »
"Řekni svá přání, řekni svou vůli"
« L'obéissance rapide répond ici à vos souhaits »
"Rychlá poslušnost zde splňuje vaše přání"
« Hélas, dit-elle avec un soupir
"Běda," řekla s povzdechem
« Ce que je souhaite par-dessus tout, c'est revoir mon pauvre père. »

"Nejvíc ze všeho si přeji vidět svého ubohého otce"
"et j'aimerais savoir ce qu'il fait"
"a rád bych věděl, co dělá"
Dès qu'elle eut dit cela, elle remarqua le miroir
Jakmile to řekla, všimla si zrcadla
à sa grande surprise, elle vit sa propre maison dans le miroir
ke svému velkému úžasu spatřila v zrcadle svůj vlastní domov
son père est arrivé émotionnellement épuisé
její otec přijel citově vyčerpaný
ses sœurs sont allées à sa rencontre
její sestry mu šly naproti
malgré leurs tentatives de paraître tristes, leur joie était visible
navzdory jejich pokusům tvářit se smutně byla jejich radost viditelná
un instant plus tard, tout a disparu
za chvíli vše zmizelo
et les appréhensions de Belle ont également disparu
a obavy z krásy zmizely také
car elle savait qu'elle pouvait faire confiance à la bête
protože věděla, že té bestii může věřit
À midi, elle trouva le dîner prêt
V poledne našla večeři připravenou
elle s'est assise à la table
sama se posadila ke stolu
et elle a été divertie avec un concert de musique
a byla pobavena koncertem hudby
même si elle ne pouvait voir personne
i když nikoho neviděla
le soir, elle s'est à nouveau assise pour dîner
v noci zase seděla k večeři
cette fois elle entendit le bruit que faisait la bête
tentokrát zaslechla hluk, který zvíře vydávalo
et elle ne pouvait s'empêcher d'être terrifiée
a neubránila se strachu

"Belle", dit le monstre
"Krása," řekla příšera
"est-ce que tu me permets de manger avec toi ?"
"Dovolíš mi jíst s tebou?"
« Fais comme tu veux », répondit Belle en tremblant
"Dělej, jak chceš," odpověděla kráska chvějící se
"Non", répondit la bête
"Ne," odpověděla bestie
"tu es seule la maîtresse ici"
"ty jediná jsi tady paní"
"tu peux me renvoyer si je suis gênant"
"Můžeš mě poslat pryč, když ti budu dělat potíže"
« renvoyez-moi et je me retirerai immédiatement »
"pošli mě pryč a já se okamžitě stáhnu"
« Mais dis-moi, ne me trouves-tu pas très laide ? »
"Ale řekni mi, nemyslíš si, že jsem moc ošklivá?"
"C'est vrai", dit Belle
"To je pravda," řekla kráska
« Je ne peux pas mentir »
"Nemohu lhát"
"mais je crois que tu es de très bonne nature"
"Ale věřím, že máš velmi dobrou povahu"
« Je le suis en effet », dit le monstre
"Opravdu jsem," řekl netvor
« Mais à part ma laideur, je n'ai pas non plus de bon sens »
"Ale kromě své ošklivosti nemám ani rozum"
« Je sais très bien que je suis une créature stupide »
"Moc dobře vím, že jsem hloupé stvoření"
« Ce n'est pas un signe de folie de penser ainsi », répondit Belle.
"To není známka pošetilosti si to myslet," odpověděla kráska
« Mange donc, belle », dit le monstre
"Tak jez, krásko," řekla příšera
« essaie de t'amuser dans ton palais »
"zkuste se zabavit ve svém paláci"
"tout ici est à toi"

"všechno tady je tvoje"
"et je serais très mal à l'aise si tu n'étais pas heureux"
"A byl bych velmi neklidný, kdybys nebyl šťastný."
« **Vous êtes très obligeant** », **répondit Belle**
"Jsi velmi ochotný," odpověděla kráska
« **J'avoue que je suis heureux de votre gentillesse** »
"Přiznávám, že jsem potěšen vaší laskavostí"
« **et quand je considère votre gentillesse, je remarque à peine vos difformités** »
"a když uvážím tvou laskavost, sotva si všimnu tvých deformací"
« **Oui, oui, dit la bête, mon cœur est bon.**
"Ano, ano," řekla bestie, "mé srdce je dobré
"mais même si je suis bon, je suis toujours un monstre"
"ale i když jsem dobrý, jsem stále monstrum"
« **Il y a beaucoup d'hommes qui méritent ce nom plus que toi** »
"Je mnoho mužů, kteří si toto jméno zaslouží víc než ty."
"et je te préfère tel que tu es"
"a mám tě radši takového, jaký jsi"
"et je te préfère à ceux qui cachent un cœur ingrat"
"a mám tě radši než ty, kteří skrývají nevděčné srdce"
"Si seulement j'avais un peu de bon sens", répondit la bête
"Kdybych tak měl trochu rozumu," odpovědělo zvíře
"Si j'avais du bon sens, je vous ferais un beau compliment pour vous remercier"
"Kdybych měl rozum, udělal bych pěkný kompliment, abych ti poděkoval"
"mais je suis si ennuyeux"
"ale já jsem tak tupý"
« **Je peux seulement dire que je vous suis très reconnaissant** »
"Mohu jen říct, že jsem ti velmi zavázán"
Belle a mangé un copieux souper
kráska snědla vydatnou večeři
et elle avait presque vaincu sa peur du monstre

a téměř porazila svůj strach z monstra
mais elle a voulu s'évanouir lorsque la bête lui a posé la question suivante
ale chtěla omdlít, když se jí bestie zeptala na další otázku
"Belle, veux-tu être ma femme ?"
"Krásko, budeš moje žena?"
elle a mis du temps avant de pouvoir répondre
chvíli trvalo, než mohla odpovědět
parce qu'elle avait peur de le mettre en colère
protože se bála, že ho rozzlobí
Mais finalement elle dit "non, bête"
nakonec však řekla "ne, bestie"
immédiatement le pauvre monstre siffla très effroyablement
okamžitě chudák netvor velmi děsivě zasyčel
et tout le palais résonna
a celý palác se rozléhal
mais Belle se remit bientôt de sa frayeur
ale krása se brzy vzpamatovala ze svého strachu
parce que la bête parla encore d'une voix lugubre
protože bestie znovu promluvila truchlivým hlasem
"Alors adieu, Belle"
"tak sbohem, krásko"
et il ne se retournait que de temps en temps
a jen tu a tam se otočil
de la regarder alors qu'il sortait
aby se na ni podíval, když vyšel ven
maintenant Belle était à nouveau seule
teď byla krása zase sama
elle ressentait beaucoup de compassion
cítila velký soucit
"Hélas, c'est mille fois dommage"
"Běda, je to tisíc lítosti"
"tout ce qui est si bon ne devrait pas être si laid"
"nic tak dobré povahy by nemělo být tak ošklivé"
Belle a passé trois mois très heureuse dans le palais
kráska strávila tři měsíce velmi spokojeně v paláci

chaque soir la bête lui rendait visite
každý večer ji zvíře navštívilo
et ils ont parlé pendant le dîner
a povídali si během večeře
ils ont parlé avec bon sens
mluvili zdravým rozumem
mais ils ne parlaient pas avec ce que les gens appellent de l'esprit
ale nemluvili s tím, čemu lidé říkají důvtip
Belle a toujours découvert un caractère précieux dans la bête
kráska vždy objevila nějakou cennou postavu ve zvířeti
et elle s'était habituée à sa difformité
a na jeho deformaci si zvykla
elle ne redoutait plus le moment de sa visite
už se nebála času jeho návštěvy
maintenant elle regardait souvent sa montre
teď se často dívala na hodinky
et elle ne pouvait pas attendre qu'il soit neuf heures
a nemohla se dočkat, až bude devět hodin
car la bête ne manquait jamais de venir à cette heure-là
protože šelma nikdy nezmeškala příchod v tu hodinu
il n'y avait qu'une seule chose qui concernait Belle
krása se týkala jen jedné věci
chaque soir avant d'aller au lit, la bête lui posait la même question
každou noc, než šla spát, se jí bestie zeptala na stejnou otázku
le monstre lui a demandé si elle voulait être sa femme
netvor se jí zeptal, jestli bude jeho manželkou
un jour elle lui dit : "bête, tu me mets très mal à l'aise"
jednoho dne mu řekla: "Besto, velmi mě zneklidňuješ"
« J'aimerais pouvoir consentir à t'épouser »
"Kéž bych mohl souhlasit, abych si tě vzal"
"mais je suis trop sincère pour te faire croire que je t'épouserais"
"ale jsem příliš upřímný, abych tě donutil věřit, že bych si tě vzal"

"Notre mariage n'aura jamais lieu"
"naše manželství nikdy nevznikne"
« Je te verrai toujours comme un ami »
"Vždy tě budu vidět jako přítele"
"S'il vous plaît, essayez d'être satisfait de cela"
"zkuste se s tím prosím spokojit"
« Je dois me contenter de cela », dit la bête
"Musím se s tím spokojit," řekla bestie
« Je connais mon propre malheur »
"Znám své vlastní neštěstí"
"mais je t'aime avec la plus tendre affection"
"ale miluji tě tou nejněžnější náklonností"
« Cependant, je devrais me considérer comme heureux »
"Nicméně bych se měl považovat za šťastného"
"et je serais heureux que tu restes ici"
"A měl bych být rád, že tu zůstaneš"
"promets-moi de ne jamais me quitter"
"slib mi, že mě nikdy neopustíš"
Belle rougit à ces mots
krása se při těchto slovech začervenala
Un jour, Belle se regardait dans son miroir
jednoho dne se kráska dívala do zrcadla
son père s'était inquiété à mort pour elle
její otec měl o ni strach
elle avait plus que jamais envie de le revoir
toužila ho znovu vidět víc než kdy jindy
« Je pourrais te promettre de ne jamais te quitter complètement »
"Mohl bych slíbit, že tě nikdy úplně neopustím"
"mais j'ai tellement envie de voir mon père"
"Ale já mám tak velkou touhu vidět svého otce"
« Je serais terriblement contrarié si tu disais non »
"Byl bych neskutečně naštvaný, kdybys řekl ne"
« Je préfère mourir moi-même », dit le monstre
"Raději jsem zemřel sám," řekl netvor
« Je préférerais mourir plutôt que de te mettre mal à l'aise »

"Raději bych zemřel, než abych tě přiměl cítit neklid"
« Je t'enverrai vers ton père »
"Pošlu tě k tvému otci"
"tu resteras avec lui"
"zůstaneš s ním"
"et cette malheureuse bête mourra de chagrin à la place"
"a toto nešťastné zvíře místo toho zemře žalem"
« Non », dit Belle en pleurant
"Ne," řekla kráska a plakala
"Je t'aime trop pour être la cause de ta mort"
"Miluji tě příliš moc na to, abych byl příčinou tvé smrti"
"Je te promets de revenir dans une semaine"
"Slibuji ti, že se vrátím za týden."
« Tu m'as montré que mes sœurs sont mariées »
"Ukázal jsi mi, že mé sestry jsou vdané"
« et mes frères sont partis à l'armée »
"a moji bratři šli do armády"
« laisse-moi rester une semaine avec mon père, car il est seul »
"nech mě zůstat týden se svým otcem, protože je sám"
« Tu seras là demain matin », dit la bête
"Budeš tam zítra ráno," řekla bestie
"mais souviens-toi de ta promesse"
"ale pamatuj si svůj slib"
« Il vous suffit de poser votre bague sur une table avant d'aller vous coucher »
"Než půjdete spát, stačí položit prsten na stůl."
"et alors tu seras ramené avant le matin"
"a pak tě před ránem přivedou zpátky"
« Adieu chère Belle », soupira la bête
"Sbohem drahá krásko," povzdechla si bestie
Belle s'est couchée très triste cette nuit-là
kráska šla té noci spát velmi smutná
parce qu'elle ne voulait pas voir la bête si inquiète
protože nechtěla vidět bestii tak ustaranou
le lendemain matin, elle se retrouva chez son père

druhý den ráno se ocitla v domě svého otce
elle a sonné une petite cloche à côté de son lit
zazvonila na zvoneček u její postele
et la servante poussa un grand cri
a služebná hlasitě zaječela
et son père a couru à l'étage
a její otec vyběhl nahoru
il pensait qu'il allait mourir de joie
myslel si, že umře radostí
il l'a tenue dans ses bras pendant un quart d'heure
držel ji v náručí čtvrt hodiny
Finalement, les premières salutations étaient terminées
nakonec první pozdravy skončily
Belle a commencé à penser à sortir du lit
kráska začala myslet na to, že vstane z postele
mais elle s'est rendu compte qu'elle n'avait apporté aucun vêtement
ale uvědomila si, že si nepřinesla žádné oblečení
mais la servante lui a dit qu'elle avait trouvé une boîte
ale služebná jí řekla, že našla krabici
le grand coffre était plein de robes et de robes
velký kufr byl plný rób a šatů
chaque robe était couverte d'or et de diamants
každá róba byla pokryta zlatem a diamanty
La Belle a remercié la Bête pour ses bons soins
kráska děkovala zvíře za jeho laskavou péči
et elle a pris l'une des robes les plus simples
a vzala si jedny z nejprostších šatů
elle avait l'intention de donner les autres robes à ses sœurs
ostatní šaty hodlala dát svým sestrám
mais à cette pensée le coffre de vêtements disparut
ale při té myšlence truhla s oblečením zmizela
la bête avait insisté sur le fait que les vêtements étaient pour elle seulement
bestie trvala na tom, že šaty jsou jen pro ni
son père lui a dit que c'était le cas

její otec jí řekl, že to tak bylo
et aussitôt le coffre de vêtements est revenu
a hned se zase vrátil kufr oblečení
Belle s'est habillée avec ses nouveaux vêtements
kráska se oblékla do nových šatů
et pendant ce temps les servantes allèrent chercher ses sœurs
a mezitím služky šly najít své sestry
ses deux sœurs étaient avec leurs maris
obě její sestry byly se svými manžely
mais ses deux sœurs étaient très malheureuses
ale obě její sestry byly velmi nešťastné
sa sœur aînée avait épousé un très beau gentleman
její nejstarší sestra se provdala za velmi pohledného gentlemana
mais il était tellement amoureux de lui-même qu'il négligeait sa femme
ale měl se tak rád, že svou ženu zanedbával
sa deuxième sœur avait épousé un homme spirituel
její druhá sestra se provdala za vtipného muže
mais il a utilisé son esprit pour tourmenter les gens
ale svůj důvtip používal k mučení lidí
et il tourmentait surtout sa femme
a svou ženu trápil ze všeho nejvíc
Les sœurs de Belle l'ont vue habillée comme une princesse
sestry krásy ji viděly oblečenou jako princeznu
et ils furent écœurés d'envie
a byli nemocní závistí
maintenant elle était plus belle que jamais
teď byla krásnější než kdy jindy
son comportement affectueux n'a pas pu étouffer leur jalousie
její láskyplné chování nemohlo potlačit jejich žárlivost
elle leur a dit combien elle était heureuse avec la bête
řekla jim, jak je s tou bestií šťastná
et leur jalousie était prête à éclater
a jejich žárlivost byla připravena k prasknutí

Ils descendirent dans le jardin pour pleurer leur malheur
Šli dolů do zahrady plakat nad svým neštěstím
« En quoi cette petite créature est-elle meilleure que nous ? »
"V čem je to malé stvoření lepší než my?"
« Pourquoi devrait-elle être tellement plus heureuse ? »
"Proč by měla být o tolik šťastnější?"
« Sœur », dit la sœur aînée
"Sestro," řekla starší sestra
"une pensée vient de me traverser l'esprit"
"Právě mě napadla myšlenka"
« Essayons de la garder ici plus d'une semaine »
"zkusme ji tu udržet déle než týden"
"Peut-être que cela fera enrager ce monstre idiot"
"možná to rozzuří to hloupé monstrum"
« parce qu'elle aurait manqué à sa parole »
"protože by porušila slovo"
"et alors il pourrait la dévorer"
"a pak by ji mohl pohltit"
"C'est une excellente idée", répondit l'autre sœur
"To je skvělý nápad," odpověděla druhá sestra
« Nous devons lui montrer autant de gentillesse que possible »
"Musíme jí prokázat co nejvíce laskavosti"
les sœurs en ont fait leur résolution
sestry si toto předsevzali
et ils se sont comportés très affectueusement envers leur sœur
a ke své sestře se chovali velmi láskyplně
pauvre Belle pleurait de joie à cause de toute leur gentillesse
ubohá kráska plakala radostí z vší jejich laskavosti
quand la semaine fut expirée, ils pleurèrent et s'arrachèrent les cheveux
když týden vypršel, plakali a rvali si vlasy
ils semblaient si désolés de se séparer d'elle
zdálo se, že je jim líto se s ní rozloučit
et Belle a promis de rester une semaine de plus

a kráska slíbila, že zůstane o týden déle
Pendant ce temps, Belle ne pouvait s'empêcher de réfléchir sur elle-même
Kráska se mezitím nemohla ubránit reflexi sama sebe
elle s'inquiétait de ce qu'elle faisait à la pauvre bête
dělala si starosti, co dělá nebohému zvířeti
elle sait qu'elle l'aimait sincèrement
ví, že ho upřímně milovala
et elle avait vraiment envie de le revoir
a opravdu toužila ho znovu vidět
la dixième nuit qu'elle a passée chez son père aussi
desátou noc strávila také u svého otce
elle a rêvé qu'elle était dans le jardin du palais
zdálo se jí, že je v palácové zahradě
et elle rêva qu'elle voyait la bête étendue sur l'herbe
a zdálo se jí, že viděla šelmu roztaženou na trávě
il semblait lui faire des reproches d'une voix mourante
zdálo se, že ji vyčítal umírajícím hlasem
et il l'accusa d'ingratitude
a obvinil ji z nevděku
Belle s'est réveillée de son sommeil
kráska se probudila ze spánku
et elle a fondu en larmes
a propukla v pláč
« Ne suis-je pas très méchant ? »
"Nejsem moc zlý?"
« N'était-ce pas cruel de ma part d'agir si méchamment envers la bête ? »
"Nebylo to ode mě kruté, chovat se tak nelaskavě k té bestii?"
"la bête a tout fait pour me faire plaisir"
"zvíře udělalo vše, aby mě potěšilo"
« Est-ce sa faute s'il est si laid ? »
"Je to jeho chyba, že je tak ošklivý?"
« Est-ce sa faute s'il a si peu d'esprit ? »
"Je to jeho chyba, že má tak málo důvtipu?"
« Il est gentil et bon, et cela suffit »

"Je laskavý a dobrý, a to stačí"
« Pourquoi ai-je refusé de l'épouser ? »
"Proč jsem si ho odmítla vzít?"
« Je devrais être heureux avec le monstre »
"Měl bych být šťastný s tou příšerou"
« regarde les maris de mes sœurs »
"Podívejte se na manžele mých sester"
« Ni l'esprit, ni la beauté ne les rendent bons »
"ani důvtip, ani krásná bytost je nedělá dobrými"
« aucun de leurs maris ne les rend heureuses »
"žádný z jejich manželů je nedělá šťastnými"
« mais la vertu, la douceur de caractère et la patience »
"ale ctnost, sladkost nálady a trpělivost"
"ces choses rendent une femme heureuse"
"tyto věci dělají ženu šťastnou"
"et la bête a toutes ces qualités précieuses"
"a zvíře má všechny tyto cenné vlastnosti"
"c'est vrai, je ne ressens pas de tendresse et d'affection pour lui"
"Je to pravda; necítím k němu něhu náklonnosti"
"mais je trouve que j'éprouve la plus grande gratitude envers lui"
"ale zjišťuji, že za něj mám největší vděčnost"
"et j'ai la plus haute estime pour lui"
"a velmi si ho vážím"
"et il est mon meilleur ami"
"a je to můj nejlepší přítel"
« Je ne le rendrai pas malheureux »
"Neudělám ho nešťastným"
« Si j'étais si ingrat, je ne me le pardonnerais jamais »
"Kdybych byl tak nevděčný, nikdy bych si to neodpustil"
Belle a posé sa bague sur la table
kráska položila prsten na stůl
et elle est retournée au lit
a šla zase spát
à peine était-elle au lit qu'elle s'endormit

sotva byla v posteli, než usnula
elle s'est réveillée à nouveau le lendemain matin
druhý den ráno se znovu probudila
et elle était ravie de se retrouver dans le palais de la bête
a byla nesmírně šťastná, že se ocitla v paláci šelmy
elle a mis une de sés plus belles robes pour lui faire plaisir
oblékla si jedny ze svých nejhezčích šatů, aby ho potěšila
et elle attendait patiemment le soir
a trpělivě čekala na večer
enfin l' heure tant souhaitée est arrivée
přišla vytoužená hodina
L'horloge a sonné neuf heures, mais aucune bête n'est apparue
hodiny odbily devět, přesto se neobjevila žádná šelma
La belle craignit alors d'avoir été la cause de sa mort
kráska se tehdy bála, že byla příčinou jeho smrti
elle a couru en pleurant dans tout le palais
běhala s pláčem po celém paláci
après l'avoir cherché partout, elle se souvint de son rêve
poté, co ho všude hledala, vzpomněla si na svůj sen
et elle a couru vers le canal dans le jardin
a běžela ke kanálu v zahradě
là elle a trouvé la pauvre bête étendue
tam našla ubohou šelmu nataženou
et elle était sûre de l'avoir tué
a byla si jistá, že ho zabila
elle se jeta sur lui sans aucune crainte
vrhla se na něj beze strachu
son cœur battait encore
jeho srdce stále tlouklo
elle est allée chercher de l'eau au canal
nabrala trochu vody z kanálu
et elle versa l'eau sur sa tête
a vylila mu vodu na hlavu
la bête ouvrit les yeux et parla à Belle
zvíře otevřelo oči a promluvilo ke kráse

« Tu as oublié ta promesse »
"Zapomněl jsi na svůj slib"
« J'étais tellement navrée de t'avoir perdu »
"Bylo mi tak zlomené srdce, že jsem tě ztratil"
« J'ai décidé de me laisser mourir de faim »
"Rozhodl jsem se hladovět"
"mais j'ai le bonheur de te revoir une fois de plus"
"ale mám to štěstí tě ještě jednou vidět"
"j'ai donc le plaisir de mourir satisfait"
"takže mám to potěšení zemřít spokojený"
« Non, chère bête », dit Belle, « tu ne dois pas mourir »
"Ne, drahé zvíře," řekla kráska, "nesmíš zemřít"
« Vis pour être mon mari »
"Žít jako můj manžel"
"à partir de maintenant je te donne ma main"
"od této chvíle ti podávám ruku"
"et je jure de n'être que le tien"
"a přísahám, že nebudu nikdo jiný než tvůj"
« Hélas ! Je pensais n'avoir que de l'amitié pour toi »
"Běda! Myslel jsem, že pro tebe mám jen přátelství."
« mais la douleur que je ressens maintenant m'en convainc »
;
"ale smutek, který teď cítím, mě přesvědčuje."
"Je ne peux pas vivre sans toi"
"Nemohu bez tebe žít"
Belle avait à peine prononcé ces mots lorsqu'elle vit une lumière
kráska sotva řekla tato slova, když spatřila světlo
le palais scintillait de lumière
palác zářil světlem
des feux d'artifice ont illuminé le ciel
ohňostroj rozzářil oblohu
et l'air rempli de musique
a vzduch plný hudby
tout annonçait un grand événement
vše upozorňovalo na nějakou velkou událost

mais rien ne pouvait retenir son attention
ale nic nemohlo udržet její pozornost
elle s'est tournée vers sa chère bête
obrátila se ke svému drahému zvířeti
la bête pour laquelle elle tremblait de peur
šelma, o kterou se třásla strachem
mais sa surprise fut grande face à ce qu'elle vit !
ale její překvapení bylo velké, co viděla!
la bête avait disparu
bestie zmizela
Au lieu de cela, elle a vu le plus beau prince
místo toho viděla toho nejkrásnějšího prince
elle avait mis fin au sort
ukončila kouzlo
un sort sous lequel il ressemblait à une bête
kouzlo, pod kterým připomínal šelmu
ce prince était digne de toute son attention
tento princ byl hoden veškeré její pozornosti
mais elle ne pouvait s'empêcher de demander où était la bête
ale nemohla se nezeptat, kde ta šelma je
« Vous le voyez à vos pieds », dit le prince
"Vidíš ho u svých nohou," řekl princ
« Une méchante fée m'avait condamné »
"Zlá víla mě odsoudila"
« Je devais rester dans cette forme jusqu'à ce qu'une belle princesse accepte de m'épouser »
"Měl jsem zůstat v této podobě, dokud krásná princezna souhlasila, že si mě vezme."
"la fée a caché ma compréhension"
"Víla skryla mé porozumění"
« tu étais le seul assez généreux pour être charmé par la bonté de mon caractère »
"Byl jsi jediný dostatečně velkorysý na to, aby tě okouzlila dobrota mé povahy"
Belle était agréablement surprise
kráska byla šťastně překvapena

et elle donna sa main au charmant prince
a podala okouzlujícímu princi ruku
ils sont allés ensemble au château
šli spolu do hradu
et Belle fut ravie de retrouver son père au château
a kráska byla nadšená, když našla svého otce na hradě
et toute sa famille était là aussi
a byla tam i celá její rodina
même la belle dame qui lui était apparue dans son rêve était là
dokonce tam byla i ta krásná dáma, která se jí objevila ve snu
"Belle", dit la dame du rêve
"krása," řekla paní ze snu
« viens et reçois ta récompense »
"přijďte a získejte svou odměnu"
« Vous avez préféré la vertu à l'esprit ou à l'apparence »
"dal jsi přednost ctnosti před vtipem nebo vzhledem"
"et tu mérites quelqu'un chez qui ces qualités sont réunies"
"a zasloužíš si někoho, v kom jsou tyto vlastnosti sjednoceny"
"tu vas être une grande reine"
"budeš velká královna"
« J'espère que le trône ne diminuera pas votre vertu »
"Doufám, že trůn nezmenší tvou ctnost"
puis la fée se tourna vers les deux sœurs
pak se víla obrátila k oběma sestrám
« J'ai vu à l'intérieur de vos cœurs »
"Viděl jsem uvnitř tvých srdcí"
"et je connais toute la méchanceté que contiennent vos cœurs"
"A já vím všechnu zlobu, kterou tvé srdce obsahuje"
« Vous deux deviendrez des statues »
"vy dva se stanete sochami"
"mais vous garderez votre esprit"
"ale zachováš si mysl"
« Tu te tiendras aux portes du palais de ta sœur »
"budeš stát u bran paláce své sestry"

"Le bonheur de ta sœur sera ta punition"
"Štěstí tvé sestry bude tvým trestem"
« vous ne pourrez pas revenir à vos anciens états »
"nebudeš se moci vrátit do svých bývalých států"
« à moins que vous n'admettiez tous les deux vos fautes »
"pokud oba nepřiznáte své chyby"
"mais je prévois que vous resterez toujours des statues"
"Ale předvídám, že vždy zůstanete sochami"
« L'orgueil, la colère, la gourmandise et l'oisiveté sont parfois vaincus »
"pýcha, hněv, obžerství a lenost jsou někdy poraženy"
" mais la conversion des esprits envieux et malveillants sont des miracles "
" ale obrácení závistivých a zlomyslných myslí jsou zázraky"
immédiatement la fée donna un coup de baguette
víla okamžitě pohladila hůlkou
et en un instant tous ceux qui étaient dans la salle furent transportés
a za chvíli byli všichni, co byli v hale, transportováni
ils étaient entrés dans les domaines du prince
odešli do princova panství
les sujets du prince l'ont reçu avec joie
knížete poddaní přijali s radostí
le prêtre a épousé Belle et la bête
kněz se oženil s kráskou a zvířetem
et il a vécu avec elle de nombreuses années
a žil s ní mnoho let
et leur bonheur était complet
a jejich štěstí bylo úplné
parce que leur bonheur était fondé sur la vertu
protože jejich štěstí bylo založeno na ctnosti

La fin
Konec

www.tranzlaty.com

www.ingramcontent.com/pod-product-compliance
Lightning Source LLC
Chambersburg PA
CBHW011556070526
44585CB00023B/2628